LE
CALENDRIER VIVANT,

OU

UNE ANNÉE DANS UNE HEURE,

REVUE-FOLIE DE L'AN 1817,

EN UN ACTE ET EN VAUDEVILLES,

Par MM. T***., DARTOIS et P. LEDOUX;

Représentée, pour la première fois, à Paris, sur le Théâtre
du Vaudeville, le 31 Décembre 1817.

PARIS,

Chez J. N. BARBA, LIBRAIRE, PALAIS-ROYAL,
DERRIÈRE LE THÉATRE FRANÇAIS, N°. 51.

De l'Imprimerie de HOCQUET, rue du Faubourg Montmartre, n°. 4.

1818.

PERSONNAGES.	ACTEURS.
L'ANNÉE mil-huit-cent-dix-sept.	Mlle. *Lucie.*
GIROUETTE	Mlle. *Minette.*
AQUILON.	M. *Edouard.*
ZEPHIR	Mlle. *Clara.*
TROTTANT.	
UN COCHER de coucou. . . .	
COLORIS	
VETURIE	M. *Philippe.*
CROISÉ.	
FROMENT	
MERINOS.	
ALMANACH père	
CARIOLAN	M. *Laporte.*
VOLTAIRE	M. *René.*
ROUSSEAU	M. *Justin*
Mlle. PERCALE	Mlle. *Betzi.*
ROXELANE.	Mlle. *Pauline.*

Les douze Mois personnifiés. (1)

THERMOMÈTRE.

BAROMÈTRE.

Les Almanachs chantans personnifiés. (2)

---

(1) Les mois représentés , Janvier par un vieillard , Février par la Folie, Mars par un guerrier français , etc. etc. , sont couverts d'une longue robe, sur laquelle est retracée une colonne de calendrier.

(2) Les Almanachs portent sur la poitrine le titre du livre qu'ils représentent.

LE CALENDRIER VIVANT,

OU

UNE ANNÉE DANS UNE HEURE,

Revue-Folie en un Acte.

~~~~~~

La scène représente un salon ; il y a une cheminée.

SCÈNE PREMIÈRE.

ZÉPHIR, *arrivant en frapant du pied.*

Air *du Pas de Zéphir.*

Ah ! quel déplaisir
Pour Zéphir
D'accourir
Dans le mois
Des grands froids
A Paris
Tout surpris ;
Moi, qui voltigeais
Dans les
Bosquets
Bien frais ,
Il me faut , en ce lieu,
Voltiger près du feu.

Le froid me glace ,
Toute ma grace
A disparu ,
Me voilà morfondu.
J'ai l'air comme ça
D'un Zéphir d'Opéra
Se chaufant au foyer
Pour se désennuyer.

Ah ! quel plaisir, etc.

Mais d'où vient donc que le froid redouble tout-à-coup.
(*On entend gronder dans l'éloignement, et quelques car-*
reaux de vitres se brise ; la porte du fond s'ouvre avec
fracas, Aquilon entre dans l'appartement.)
~~~~~~

SCÈNE II.

AQUILON, ZEPHIR, *près du poéle.*

AQUILON.

Ah ! me voilà !.. Je n'ai pas mis trop de temps pour venir du fond de la Sibérie. Cent lieues à la minute ; mais je ne me trompe pas, c'est le seigneur Zéphir.

ZEPHIR.

Lui-même, pour vour servir, seigneur Aquilon.

AQUILON.

Que faites-vous donc à Paris, dans cette saison, petit cousin ?

ZÉPHIR.

Vous le voyez, je souffle dans mes doigts.

AQUILON.

Ah ! je devine ce qui vous amène. Lassé de voltiger de fleur en fleur, vous avez cru pouvoir profiter d'une absence de quelques jours que je viens de faire, pour voler sur mes brisées, et vous venez essayer de tourner la tête de mademoiselle Girouette.

ZÉPHIR.

Laquelle ?... Il y en a tant à Paris !

AQUILON.

Oh ! vous me comprenez bien : je vous parle de notre petite espiègle de la rue des Quatre-Vents ; cette capricieuse et charmante personne que madame l'année dix-huit cent dix-sept a pris à son service, et qu'elle veut établir avantageusement avant la fin de son règne. Tenez, mon cher cousin, tous vos efforts sont inutiles, mademoiselle Girouette est décidément fixée, et tant que je serai là, elle ne bougera pas.

ZÉPHIR.

C'est ce que nous verrons, seigneur Aquilon.

AQUILON.

Voudriez-vous lutter contre moi, par hazard ? Le beau rival pour me supplanter ! un amant qu'on peut remplacer par un évantail.

ZÉPHIR.

Pour faire tourner une girouette, il faut si peu de chose.

(5)

Air : *Le briquet frappe la pierre.*

Les girouettes des villages
Ne tournent pas aisément,
Elles se rouillent souvent.
Malgré les plus forts orages
Et des vents toujours nouveaux,
Les girouettes des châteaux
Restent par fois en repos.
Les plus légères tempêtes
Quelquefois font sans raisons
Tourner celle des maisons ;
Mais, cousin, les girouettes ,
Qui tournent à moins de frais,
Ce sont celles des palais.

AQUILON.

Mademoiselle Girouette doit être le prix des choses ex--
traordinaires que j'ai faites pendant le règne de cette année.

ZÉPHIR   *gaîment.*

Mes services valent bien les vôtres.

Air : *Contentons nous.*

Dans m s efforts jamais rien ne m'arrête.

ZÉPHIR.

Rien ne résiste à mes douces faveurs.

AQUILON.

Quand je parais , j'excite la tempête.

ZÉPHIR.

En paraissant , je fais naître les fleurs.

AQUILON.

Seul , je conduis la grêle et le tonnerre.

ZÉPHIR.

Du laboureur je suis l'appui certain.

AQUILON.

Dans l'an dernier j'ai ravagé la terre.

ZÉPHIR.

Dans celui-ci , j'ai muri le raisin.

AQUILON.

Oui , croyez cela et buvez de l'eau.

ZÉPHIR.

Si la gloire est pour vous, les plaisirs sont pour moi.

Air *du Pot de fleurs.*

Dans le printems , les plus cruelles
Cherchent le Zéphir amoureux
Qui, toujours voltigeant près d'elle ,
Aime à jouer dans leurs cheveux ;

Pour trouver le lis et la rose
J'ai soulevé bien des fichus discrets.

AQUILON.

Oh! moi, parbleu! quand je m'y mets,
Je soulève bien autre chose.

ZÉPHIR.

J'attends les belles aux Tuileries.

AQUILON.

Et moi à la descente du pont royal, c'est le quartier de mes
bonnes fortunes.

ZÉPHIR.

Mais voici l'aimable Girouette, elle nous apprendra peut-
être pourquoi l'on nous a mandés à Paris en même tems.

SCÈNE III.

Les Mêmes, GIROUETTE.

*Girouette a un bonnet surmonté d'une girouette, sur les quatre
faces du bonnet, on voit les quatre lettres qui désignent les
quatre points cardinaux, la girouette doit tourner à volon-
té.)*

GIROUETTE, *à la cantonnade.*

C'est bon, c'est bon, est-ce que vous ne voyez pas qu'il
ne fait pas de vent ? mais qu'est-ce qu'ils ont donc ?

Air : *Ah! que je sens d'impatience.*

Il faudra bientôt pour m'défendre
D'un rempart m'faire environner :
Vrai ! je n'sais plus auquel entendre,
Je n'sais plus d'quel côté tourner ;
   Je suis tant regardée
   Que j'en suis obsédée ;
   C'est à qui m'sourira,
    Me lorgnera ;
Je crois que j'en perdrai la tête ;
Il faut répondre à tout venant :
   C'est un courtisan,
   C'est un artisan,
   C'est un commerçant,
    Le plus souvent
    C'est un savant.

L'un me dit... il y a une place vaccante, je voudrais l'a-
voir... l'autre, je veux faire une entreprise nouvelle, celui-
là, j'ai composé une brochure politique; celui-ci, j'ai fait

une pièce de circonstance, et tous me crient en même tems :

Girouette (*bis*)
Dis-moi d'où vient le vent !

ZÉPHIR , *approchant.*
Il vient du midi pour vous plaire.

AQUILON.
Il vient du nord pour vous servir.

GIROUETTE.
Ah ! vous voilà ? attendez que je mette mon schal.

ZÉPHIR.
Eh ! quoi. charmante Girouette, déjà le grand froid…

GIROUETTE, *se couvrant.*
Ce n'est pas cela !… c'est que je suis entre deux vents, et que je pourrais m'enrhumer. A présent vous pouvez approcher, je suis chargée de vous donner les ordres de l'année.

AQUILON.
D'abord, pourquoi m'a-t-on fait venir ?

GIROUETTE.
C'est pour vous prier de vous en aller.

AQUILON.
Comment ?

ZÉPHIR , *à part.*
Bon, je vais avoir le champ libre.

AQUILON.
Que dit le seigneur Zéphir ?

ZÉPHIR.
Moi, je ne souffle pas le mot.

GIROUETTE.
Il faut d'abord que vous sachiez tous les deux, que madame l'année mil huit cent dix-sept, prête à finir sa brillante carrière, veut décerner une couronne d'immortelles, à celui de ses douze mois qui a le plus contribué à sa gloire ou à sa renommée, et elle vous a fait appeler, afin que vous alliez à l'instant même, porter l'ordre à tous les mois, de comparaître en ce jour devant elle, pour faire valoir leurs droits, et présenter leurs titres à la récompense promise. Ainsi donc, reprenez votre volée, et faites-nous revenir sur-le-champ, depuis monsieur Janvier, jusqu'à monsieur Décembre.

AQUILON.
Vous allez être obéie ; mais permettez aussi , aimable Girouette, que je vous parle de mon amour.

(8)

ZÉPHIR.

Il faut vous prononcer entre nous.

Air : *Tout ça passe.*

Vous plaire est l'unique objet
Auquel mon amour aspire ;
Contre cet amour discret
Aquilon en vain conspire ;
Pour vous j'ai quitté l'empire
Dont Flore est la déïté
Pour vous seule je respire.

Pendant les deux derniers vers on voit tourner la girouette qui est sur la tête de Mlle Girouette.

GIROUETTE.

V'là que j' tourne (*bis*).de son côté.

AQUILON.

Même air.

De vous fixer désormais
Je conserve l'espérance ;
Rien n'égale vos attraits,
Rien n'égale ma constance ,
Mes transports , ma violence ,
Mon impétuosité ,
Rien n'égale ma puissance.

(*La girouette de Mlle. Girouette tourne de l'autre côté.*)

GIROUETTE , *à part.*

V' là que j'tourne (*bis*) de son côté.

(*Zéphir souffle et fait tourner la girouette ; Aquilon s'en aperçoit, et, soufflant tout-à-coup, il la fait retourner.*)

AQUILON et ZÉPHIR , *soufflant tour-à-tour.*

Air : *Verse encor.*

Ah ! c'est moi, c'est moi
Qui sous ma loi
Doit placer
Et fixer
Cette belle
Fidèle ;
Oui, c'est moi, c'est moi
Qui sous ma loi
Doit ranger désormais
Tant de grâce et d'attraits.

AQUILON.

Craignez de m'irriter ;
Ma colère s'allume,
Soudain comme une plume
Je puis vous emporter.

(9)

ZÉPHIR.

Zéphir de tous les vents
Doit triompher je pense :
Les girouettes de France
Sont toutes au beau tems.

ENSEMBLE, *soufflant et faisant tourner tour-à-tour la Girouette.*

Ah ! c'est moi, c'est moi, etc.   (*ils sortent.*)

SCÈNE IV.

GIROUETTE , *seule.*

Il faut convenir que je suis bien embarrassée... J'ai un faible pour le Zéphir ; mais le gros bouffi d'Aquilon a bien son mérite aussi ; c'est un vent qui a des talens, il est bon musicien...

AIR : *Songez donc que vous êtes vieux.*

Il est très-fort sur le serpent,
Habile sur la clarinette,
Sur le cor il est excellent
Et sublime sur la trompette ;
Si des concerts il est l'appui,
Son mérite ailleurs se signale ;
Et l'on n' peut se passer de lui
Pour l'orgue de la cathédrale.

Mais voici l'Année 1817.

SCENE V.

L'ANNÉE 1817 , GIROUETTE , BAROMÈTRE , THERMOMÈTRE.

(L'Année est représentée par une jolie femme de dix-sept à dix-huit ans.)

L'ANÉE 1817 , *tenant une couronne d'immortelles à la main.*

Air : *C'est donc demain.*

C'est donc demain
Que finit ma carrière.
GIROUETTE.
Oui, c'est demain
Que viendra l'an prochain.
Ah! ah !
La tête m'en tourn'ra.

Calendrier vivant.   B

L'ANNÉE.

Plus de chagrin :
Rappelle-toi , ma chère,
Qu'il faut enfin
Que tout fasse une fin.

Thermomètre, restez à cette porte; c'est vous que je charge de m'annoncer les mois, quand ils se présenteront. (*Thermomètre sort.*) Vous , Baromètre , demeurez dans cet appartement, j'aurai peut-être besoin de vous consulter.

GIROUETTE.

Madame, je viens d'expédier vos deux courriers extraordinaires : ils vont parcourir les quatre points cardinaux, et vous allez être obéie de point en point.

L'ANNÉE , *montrant la couronne.*

Tu vois que la récompense est déjà prête.

Air : *De Ponce de Léon.*

Oui , je prétends que les Français
Puissent garder à jamais
De mon règne la mémoire,
Et, ne devant plus revenir,
Je leur laisse un souvenir
De mon nom et de ma gloire.
   Dans ma carrière
   Assez prospère
   De quelques fleurs
J'ai déjà couvert leurs malheurs.
   Une autre année
   Plus fortunée
   Bientôt viendra ,
Qui de tout les consolera.

Français, Français , un sort plus doux
Chaque jour éloigne l'orage ,
Et déjà le soleil pour vous
   Sort du nuage.

Gais enfans de la France , allons rassurez-vous ;
Français , je vous annonce enfin un sort plus doux.

SCÈNE VI.

Les Mêmes, THERMOMÈTRE.

THERMOMÈTRE.

Monsieur Janvier.

L'ANNÉE.

Qu'on allume du feu pour le recevoir.

GIROUETTE, *à Thermomètre.*

Fait-il bien froid?

THERMOMÈTRE.

Voyez, dix degrés.

L'ANNÉE.

J'ai! mon witchoura. (*à Thermomètre.*) Vous pouvez faire entrer.

SCENE VII.

Les Mêmes, JANVIER.

JANVIER.

Air : *Au coin du feu.*
D'une lointaine rive
A vos ordres j'arrive ;
Souffrez un peu,
Quand je suis tout de glace,
Qu'un instant je me place
Au coin du feu.

L'ANNÉE.

Seigneur Janvier, soyez le bien-venu. Vous savez le motif pour lequel je vous ai mandé. Approchez, et rappellez-moi ce que vous avez fait de remarquable en 1817.

JANVIER.

D'abord, Madame, j'ai ouvert le théâtre Mont-Thabor.

GIROUETTE.

Le théâtre Mont-Thabor?

L'ANNÉE.

Je ne m'en souviens plus.

JANVIER.

Ce n'est pas étonnant, Madame, j'ai eu l'honneur d'en faire l'ouverture et la clôture.

GIROUETTE.

Ah ! c'était à ce théâtre où le directeur avait les acteurs sous une gaze, comme pour les préserver des mouches.

L'ANNÉE.

Qu'avez-vous fait de plus?

JANVIER.

J'ai fait la renommée de l'incomparable Munito.

L'ANNÉE.

Munito ?

GIROUETTE

Vous savez bien, madame, ce chien de la Cour des Fontaines, qui était dans le cabinet des illusions, et qui a fini par se croire un grand personnage, comme tant d'autres !... et pourtant il n'y avait pas de quoi.

Air : *Est-ce ma faute, dà ?*

D' façon délicate
Montrer son esprit,
Présenter la patte
A l'homm' qui reluit ;
Savoir qu' l'or ne va
Qu'à celui qui flatte,
Il n' faut pas être dà,
Munito pour ça.

Même air.

Savoir sur la nôtre
Chercher ses couleurs,
Fair' le bon apôtre,
Briguer des faveurs,
Sauter pour c'ti-là,
Puis sauter pour c't autre ;
Il n' faut pas être dà,
Munito pour ça.

L'ANNÉE.

Est-ce là tout ce que le seigneur Janvier a fait de remarquable ?

JANVIER, *présentant un papier.*

Voici mes attestations.

L'ANNÉE.

Quel est donc ce brinborion de papier ?

JANVIER.

C'est l'esprit de tous mes journaux.

GIROUETTE.

Il ne tient pas beaucoup de place.

L'ANNÉE.

Comment, pas le moindre scandale ! pas un original à votre suite.

SCÈNE VIII.

Les Mêmes, TROTTANT.

TROTTANT, *courant toujours.*

Me voilà ! me voilà !

JANVIER.

En fait d'originaux, voici, Madame, tout ce que je puis
vous offrir.

L'ANNÉE.

Quel est cet homme ? je ne me souviens pas de l'avoir
vu ?

GIROUETTE.

Et pourquoi court-il donc toujours comme ça ?

TROTTANT.

Ne faites pas attention ; c'est mon pas ordinaire.

Air : *Allons, allons chasser.*

Trottant,
Ne m'arrêtant
Qu'un seul instant
Où m'attend
Une belle ;
Chantant,
Toujours content,
Je trotte tant,
Qu'on m'appelle
Trottant.

Le but où je tend,
Quand je vais portant
Message important,
C'est l'argent comptant.
A tout charlatan
Par moi visitant,
Je vais répétant :
« Paie, ou bien va-t-én. »

Trottant,
Ne m'arrêtant
Qu'un seul instant
Où m'attend
Une belle ;
Chantant,
Toujours content,
Je trotte tant
Qu'on m'appelle
Trottant.

L'ANNÉE.

Quel métier faites-vous donc, Monsieur?

TROTTANT.

Je fais des visites pour tous les amis qui se détestent.

GIROUETTE.

Je ne m'étonne plus s'il trotte toujours.

TROTTANT.

Mon entreprise est la conséquence d'une profonde méditation sur l'ennui des visites du jour de l'an, et d'une connaissance parfaite des usages de la société. Autrefois, quand on allait rendre une visite, ou les amis étaient forcés de faire dire qu'ils n'y étaient pas, ou bien, pour voir ses connaissances on n'avait pas le temps de voir ses amis. On jouait à cache-cache. Aujourd'hui c'est plus commode, et grâce à mon entreprise, les amis ne sont plus condamnés à se voir. Je me suis chargé de porter des cartes de visite à domicile pour Paris et la banlieue, à raison de cinq centimes la visite ; j'y perds ; mais je me sauve sur la quantité.

Air du vaudeville de l'Avare.

Il faut vraiment que je le dise,
Mes bienfaits sont déjà connus,
Et j'ai su, par mon entreprise,
Ramener les vieilles vertus.
De ses devoirs nul ne s'écarte,
Depuis que l'on peut être, ici,
Bon fils, bon parent, bon ami,
A raison d'un sou chaque carte.

JANVIER, *à l'année.*

Je me vante que cette découverte en vaut bien une autre.

L'ANNÉE.

Vous avez là bien des cartes, ce me semble.

TROTTANT.

C'est que je suis en fonction.

L'ANNÉE.

Quel est donc ce paquet ?

TROTTANT.

C'est celui de l'amitié ; voici celui de l'amour.

L'ANNÉE.

L'amour ! Je croyais qu'il faisait ses visites lui-même.

TROTTANT.

Avant, mais après ! ! !

Air : Le lendemain.

Ce petit Dieu que j'estime
Est toujours chez la beauté,
Quand l'espérance l'anime,
Et s'il n'est pas écouté,
Jamais il ne s'en écarte ;
Mais il est heureux enfin,
Et je vais porter sa carte
Le lendemain.

GIROUETTE.

Ah! dieu! comme c'est çà! comme c'est çà!

TROTTANT.

C'est comme un aspirant au fauteuil.

Même air.

Pour le prix qu'il sollicite,
Un aspirant, tous les jours,
Rend visite sur visite,
Et recommence toujours;
Dès l'aurore il faut qu'il parte,
L'Institut le nomme enfin,
Et je vais porter sa carte
Le lendemain.

Les voilà : quarante-neuf! c'est le paquet de la reconnaissance.

GIROUETTE.

Mais dites donc, Monsieur, pourquoi ces cartes portent-elles des fleurs?

TROTTANT.

C'est encore une de mes inventions; c'est un langage symbolique.

Air : *Femmes, voulez-vous éprouver ?*

Je mets des lis chez nos guerriers,
Des soucis chez nos alarmistes,
Des boutons d'or chez nos banquiers,
L'immortelle chez nos artistes;
Chez nos belles de tous les rangs
Par moi les roses sont placées,
Les tournesols vont chez les grands,
Et chez nos auteurs les pensées.

GIROUETTE.

Ils ne doivent pas être fâchés de cela.

TROTTANT.

Au contraire. Sur ce, je vous tire ma révérence, et je vais trotter.

Trottant, etc.   (*Il sort.*)

JANVIER.

Puis-je espérer, madame....

L'ANNÉE.

Mon cher Janvier, vos titres ne sont pas brillans; mais nous verrons : allez attendre mes ordres dans l'appartement voisin.

JANVIER.

Y a-t-il du feu?

GIROUETTE.

Eh oui, transi!   (*Janvier sort.*)

SCÈNE IX.

Les Mêmes THERMOMÈTRE.

THERMOMÈTRE.

Le mois de Février.

L'ANNÉE.

Eh ! vîte à ma toilette.

GIROUETTE.

C'est juste, pour le recevoir, il faut être en habit de bal. (*Elle lui ôte sa pelisse, elle se trouve en costume de bal.*)

L'ANNÉE.

Faites entrer. (*Thermomètre sort.*) Monsieur Baromètre, quel tems fait-il ?

(*Baromètre met son capuchon.*)

GIROUETTE.

Il fait humide ! c'est bien désagréable pour le bœuf gras.

SCÈNE X.

Les Mêmes, FÉVRIER.

FÉVRIER.

Air : *Mesd'mois. voulez-vous danser ?*

Dansez, ne vous arrêtez pas,
Le carême
A face blême,
Pour finir mes plaisirs, hélas,
Est là qui marche sur mes pas.
Cette couronne d'immortelle,
Près de vous ici me rappelle
Le mois qui rend les sages fous,
Doit je crois l'emporter sur tous.

CHŒUR.

Dansons, ne nous arrêtons pas, etc.

L'ANNÉE.

Et quels sont les titres que le seigneur Février vient m'offrir ?

FÉVRIER.

Ma gaîté d'abord, ma folie !

L'ANNÉE.

En France, sous ce rapport-là, tous les mois se ressemblent, et ce n'est pas dans le carnaval qu'on se déguise le

(17)

plus. Seigneur Février avez-vous d'autres titres à faire valoir ?

FEVRIER.

Voilà mes certificats.

(*Il lui présente une grande pancarte.*)

L'ANNÉE.

Est-ce aussi l'esprit des journaux ?

FEVRIER.

Non, Madame, au contraire, ce sont leurs folies !

Air: Amis, dépouillons.

Après de solides travaux,
Comme chacun me guette,
En carnaval tous les journaux
Se mettent en goguette;
Ils n'ont dans ce tems
Raison ni bon sens,
Et leur tête est tournée.

L'ANNÉE.

Je n'en sais pas mal
Dont le carnaval
Dure toute l'année.

Seigneur Février, je ne vois là rien qui soit en votre faveur.

FEVRIER.

D'accord ; mais voilà qui parlera pour moi.

SCENE XI.

Les Mêmes, LE COCHER de Coucou VOLTAIRE et ROUSSEAU, édition compacte.

Ils sont représentés par deux hommes renfermés chacun dans un volume énorme, sur le dos duquel on lit:

VOLTAIRE.

PHILOSOPHIE.

ÉDITION COMPACTE.

Et pour l'autre :

ROUSSEAU·

NOUVELLE HELOISE.

EDITION COMPACTE.

Calendrier.

LE COCHER.

Sèvres ! St.-Cloud ! Versailles !

L'ANNÉE.

Quels sont ces personnages-là ?

FÉVRIER.

Mon plus beau titre à la gloire. Voltaire et Rousseau, mis à la portée de toutes les classes de la société.

LE COCHER.

Ces Messieurs veulent-ils aller à Versailles, nous partons à l'instant, une voiture à quatre places, j'ai déjà cinq personnes. St.-Cloud ! Sèvres ! Versailles !

VOLTAIRE.

Ne vois-tu pas, imbécille, que nous en revenons.

ROUSSEAU.

Par les célérifères.

VOLTAIRE.

A telles enseignes que nous avons versé deux fois.

ROUSSEAU.

Ma reliure en est toute meurtrie.

LE COCHER.

Jarni que c'est bien fait !... Versailles !...

L'ANNÉE

Qu'est-ce donc que le célérifère ?

FÉVRIER.

C'est encore un de mes titres.

LE COCHER.

Il est fameux ce titre-là ! ... figurez-vous, Madame, que d'puis qu'ils ont fait venir par mer ces damnés célérifères ; ils disent comm'çà, que nous sommes des lendurifères, ce qui fait que les coucous de Paris ne battent plus que d'une aile... nini, c'est fini, le commerce ne va plus à la barrière des Bons-Hommes.

Air : *Vaud. de Partie carrée.*

Autr'fois sans courir sur leurs traces,
J'voyais vers moi courir tous les bourgeois,
Et dans ma voiture à quatr' places,
J'en ai porté dix bien des fois.

(*criant.*)

Versailles ! St.-Cloud ! Sèvres ! Sèvres ! Sèvres ! St.-Cloud !

Mais aujourd'hui quoi que j'dise et que j'fasse,
Le gibier court chez le voisin,
Et d'puis c' matin,
Jarni, j' suis à la chasse,
Sans trouver un lapin.

Et pourtant ma voiture est bonne , les ressorts sont de bois neuf, et j'ai un petit cosaque qui va... qui va.... Sèvres Versailles ! St-Cloud !... en deux heures... Voilà.... Voilà...

FÉVIER.

Osez-vous comparer votre voiture à mes célérifères, qui font la route en cinq quarts d'heure ?

LE COCHER.

Oui ! Quand ils ne versent pas.

FÉVRIER.

Messieurs, cette voiture n'est-elle pas très-commode ?

ROUSSEAU.

C'est une justice à lui rendre.

VOLTAIRE.

Quand elle est pleine elle ressemble à l'arche de Noé.

L'ANNÉE.

Et par quel accident avez - vous donc versé ?

VOLTAIRE

Nous étions sur l'impériale, et comme on vous a rendus d'un volume un peu lourd... le poids de Rousseau.

ROUSSEAU.

Qu'est-ce à dire mon poids. C'est parbleu bien le vôtre

Air : *C'est la faute de Voltaire.*

Le cocher qui nous menait
Avait fait plus d'une chûte,
Par le poids qui l'entraînait ,
Il fit dans l'eau la culbute.

L'ANNÉE, *à Voltaire.*

Quoi, monsieur, tomber dans l'eau ?...

VOLTAIRE.

C'est la faute de Rousseau.

L'ANNÉE, *à Rousseau.*

Quoi, monsieur, dans la rivière ?

ROUSSEAU.

C'est la faute de Voltaire.

LE COCHER.

Et moi j'dis que c'est la faute du célérifère. Ma voiture a porté des auteurs de mélodrames, et quoique çà, il ne m'est jamais arrivé d'accidens ; mais assez causé. Je vais crier la pratique près du pont-royal... St.-Cloud !.... Versailles !... St.-Cloud !... un lapin ! un lapin !....

ROUSSEAU.

Moi je retourne dans la bibliothèque de ma lingère.

VOLTAIRE

Et moi dans celle des artistes réunis.

FEVRIER.

Moi, Madame, je vais attendre en dansant votre décision.

ENSEMBLE.

Dansons , ne nous arrêtons pas. etc.

SCENE XII.

L'ANNÉE , GIROUETTE , MARS.

MARS.

Madame, voici mes états de service.

L'ANNÉE , *lisant*

«Roger, roi de Sicile ; Wallace , le Capitaine Belronde.»
(*Parlant.*) Aux invalides. (*Elle lit.*) Etablissement des bu-
reaux de cannes, à la porte du parterre des grands théâtres.

GIROUETTE.

On devrait bien faire déposer aussi les sifflets.

(*Mars sort.*)

SCÈNE XIII.

L'ANNÉE , GIROUETTE , AVRIL.

AVRIL.

Air : N'*gnia que Paris.*
Le Zéphir vient , au fond des bois
De me dire que par l'Année
Ici le plus célèbre mois
Verrait sa gloire couronnée :
Le Zéphir est fin et subtil.
N'est-ce pas un poisson d'avril?

Même air.

Il dit que par un doux hymen ,
Que le sort ici lui prépare ,
Il va peut-être dès demain
Posséder une femme rare :
Elle est fidèle, ajoute-t-il.

GIROUETTE.

Oh ! çâ , c'est un poisson d'avril.

AVRIL.

Je ne ferai valoir qu'un titre, c'est le salon et l'exposition des tableaux français.

SCENE XIV.

Les Mêmes, COLORIS, *vêtu comme Fougère, en travail.*

COLORIS.

Air *à la Monaco.*

C'est étonnant.,
C'est surprenant,
La peinture,
Tout me l'assure,
Doit désormais
De nos Français
Faire la gloire et les succès.

Que de chefs-d'œuvre le génie
Offre en ce jour à mes regards :
La France enlève à l'Italie
La palme promise aux beaux-arts.
C'est étonnant, etc.

L'ANNÉE *à Avril.*

A son ardeur, à son allure
C'est un artiste.

COLORIS.

Je le suis.

L'ANNÉE.

Votre nom ?

COLORIS.

Est sur ma figure.

L'ANNÉE.

Vous vous appelez ?

COLORIS.

Coloris !
C'est surprenant,
C'est étonnant, etc.

L'ANNÉE.

Monsieur est peintre ?

COLORIS.

Oui, Madame, peintre en portraits de gens qui sont morts.

L'ANNÉE.

Que voulez-vous dire ?

COLORIS.

Que je peins l'histoire, et l'histoire de France, pour avoir le plaisir de peindre des héros et des grands hommes. Quelle satisfaction, quand je vois paraître sous mes pinceaux, nos immortels capitaines.

L'ANNÉE.

Et monsieur Coloris trouve ce muséum?..

COLORIS.

Superbe, Madame! admirable! Chaque genre y a son chef-d'œuvre. Là, après avoir assisté au martyr de Saint-Étienne, à la mort de Saint-Louis, à la bataille de Tolosa, les amateurs viennent s'asseoir avec satisfaction, dans la salle à manger de Drolling, ou se reposer dans la chambre à coucher d'Agamemnon.

AVRIL.

Oubliez-vous *l'Entrée d'Henri IV à Paris ?*

COLORIS.

L'oublier, l'oublier !.. J'ai l'esprit trop national.

Air : *Muse des bois et des accords champêtres.*

Oui, je le vois, cet auguste monarque,
Eh ! quoi, le ciel nous l'a donc conservé !
Oui, c'est bien lui! l'impitoyable Parque
A ses sujets ne l'a point enlevé :
Sur cette toile, ô Gérard ! il respire !
C'est son regard, image de son cœur ;
Avec bonté, je crois l'entendre dire :
«Je viens, Français, fair e votre bonheur.»

Et le peuple qui l'entoure, comme c'est tapé.

Air: *J'aime mieux ma mie.*

Ces femmes et ces vieillards
De qui la figure
Annonce sur leurs remparts
Un' gaîté si pure,
Semblent dire au Roi Henri :
Reprenez votre Paris,
La bonne aventure,
      O gué !
La bonne aventure.

(*Embrassant Girouette.*)

Ah! Mademoiselle.

GIROUETTE.

Eh bien! qu'est-ce qu'il a fait donc.

COLORIS.

Ne faites pas attention. C'est l'enthousiasme ; mais je rentre dans mon atelier, et je vais achever la moustache de Jean Bart.

L'ANNÉE.

Allez et continuez à nous peindre tous les héros français vos tableaux seront recherchés.

Air : *Vaud. du Retour des Maris.*

L'aspect de ces guerriers sublimes,
Qui renaissent sous vos pinceaux,
Rappellera ces héros magnanimes
Qui sont encor sous nos drapeaux,
Et vous offrirez à la France,
Pour le passé pour l'avenir ;
La gloire dans le souvenir
Et la gloire dans l'espérance.

COLORIS.

Oui Madame.

La gloire dans le souven ir
Et la gloire dans l'espérance.

Je me sens inspiré.

C'est étonnant,
C'est surprenant, etc.

(*Coloris sort.*)

GIROUETTE.

Voici le mois de mai.

SCÈNE XV.

L'ANNÉE, MAI, GIROUETTE.

MAI.

Air *de la Piété filiale.*

Jeunes amans , que mon retour
Ranime votre douce ivresse,
Voici la saison de l'amour,
Que la confiance renaisse.
Courez aux champs où j'ai semé
Sur vos pas des fleurs demi-closes :
C'est toujours dans le mois de mai
Que l'on fait la moisson des roses.

GIROUETTE.

Est-il gentil, le mois de mai!

L'ANNÉE.

Approchez, aimable mois de mai, et venez me rappeler vos titres à la couronne.

MAI.

J'ai fait la reprise de Fernand-Cortez.

GIROUETTE.

C'est une reprise perdue.

MAI.

Air d'*Angélique et Melcour.*

Cet ouvrage doit plaire encor,
Et son succès sera durable,
Costumes, chevaux et décor
En font une pièce admirable,
Tous les ballets en sont nouveaux,
Elle est montée avec adresse.

GIROUETTE.

On dit pourtant que les chevaux
Sont mieux montés que la pièce.

L'ANNÉE.

Air : *Traitant l'amour sans pitié.*

Adopté par Apollon,
Le brillant auteur d'Armide,
Prenait dans son vol rapide
Le coursier de l'Hélicon.
D'une éclatante victoire,
Voulant laisser la mémoire
Pour les conduire à la gloire,
Quelques auteurs ont choisi,
Dans leur poétique extase,
Au lieu du cheval Pégase,
Les chevaux de Franconi.

GIROUETTE.

Ils prendront bientôt le cerf Coco.

L'ANNÉE.

Sont-ce là tous vos titres?

(*On entend claquer un fouet.*)

GIROUETTE.

Qu'est-ce donc que cela ?

MAI.

C'est Coriolan et Véturie qui vont prendre le paquebot pour passer en Angleterre.

GIROUETTE.

Les voilà.

SCENE XIV.

Les Mêmes, CORIOLAN, VETURIE.

CORIOLAN.

Quoi ! le sénat comique à ce point me rabaisse ,
Et quinze fois par mois il veut que je paraisse ;
Un obscur semainier, un acteur plébéien ,
Mettrait au répertoire un nom comme le mien.
Non.

Air : *Du haut en bas.*

Du haut en bas ,
J'ai traité ce sénat frivole ;
Du haut en bas ,
Je vais loin d'eux porter mes pas ;
Mon départ, dit-on , les désole.

Ils ont raison.

Il peut jeter le capitole
Du haut en bas.

L'ANNÉE.

Et quoi ! seigneur Coriolan , décidément, vous, voulez
quitter Rome ?

CORIOLAN.

Rome n'est plus dans Rome , elle est toute où je suis !
Et je lui ferai voir désormais du pays !

L'ANNÉE.

Il paraît que vous aviez beaucoup à vous en plaindre ?

VETURIE.

Ah ! Madame, comment compter les injustices
Dont le sénat comique a payé nos services.
Et tout ce qu'on m'a fait et tout ce qu'on m'a dit ;
Ma langue se refuse à ce triste récit.

CORIOLAN.

Je le ferai pour vous.

VETURIE.

Ce n'est pas nécessaire.

CORIOLAN.

Souffrez...

VETURIE.

Oubliez vous que je suis votre mère.

CARIOLAN.

Parlez.

VETURIE.

Tout bien pensé , chargez-vous de tels soins,
Vous parlez mieux que moi.

CORIOLAN , *avec tendressse.*

C'est que je parle moins.

Redites-nous pourquoi la triste Véturie
Une seconde fois va quitter sa patrie.

VÉTURIE, *soupirant.*

Ah !

CORIOLAN.

Dites les affronts que vous avez reçus.

VÉTURIE, *soupirant.*

Eh !

CORIOLAN.

Quel prix on mettait à vos rares vertus !

VÉTURIE, *soupirant.*

Hi !

CORIOLAN.

Dites-nous comment une altière rivale ,
Suscita contre vous une injuste cabale.

VÉTURIE, *soupirant.*

Oh !

CORIOLAN.

Dites-nous enfin comment par son crédit
Elle a su faire ...

VÉTURIE, *soupirans.*

Hu !

CORIOLAN , *à l'Année.*

Madame, elle a tout dit.

L'ANNÉE.

Oui ! voilà bien les raisons pour lesquelles la noble Véturie s'éloigne de Rome ; mais vous, seigneur Coriolan,
quel motif assez fort peut vous porter à quitter le théâtre
de votre gloire?

CORIOLAN.

Madame, je prendrai les choses d'un peu haut ,
Mais un peu de clarté n'est jamais un défaut !
Sans doute il vous souvient des beaux jours de ma gloire.

VÉTUUIE.

Ces jours durent encor.

CORIOLAN.

Je me plais à le croire.
Mais je parle du temps où d'honneurs entourés ,
J'étais de nos Romains recherché , desiré ,
Et....

VÉTURIE.

Ne t'afflige point d'une vaine chimère ,

On te désire encor.....
CORIOLAN.

Le croyez-vous . ma mère ?
Ah ! j'aime les Romains, et je suis orgueilleux,
Même quand je les fuis, d'être Romain comme eux;
Mais le sénat comique a mérité ma haine ;
Dieux ! moi qui rapportais en moins d'une semaine
A tous ces sénateurs si fiers, si suffisans,
Plus qu'un bureau d'octroi ne rapporte en deux ans.
Les ingrats!.. qu'ai-fait pour tant d'ingratitude !
Je leur ai reproché de n'aimer point l'étude
Je leur ai demandé... vous n'avez pas voulu
Je n'exigeais pas trop... mais j'y suis résolu.
VÉTURIE.

O Dieux ! laisserez-vous cet affront sans vengeance !
Le grand Coriolan qui en diligence.
CORIOLAN.

Le paquebot m'attend... allons au paquebot.
Au Capitole anglais on me verra bientôt....
A quoi me forces-tu, sénat que je déteste ?
(à l'Année.)
Lorsque je reviendrai je vous dirai le reste.
L'ANNÉE.

Coriolan en Angleterre !
VÉTURIE.

Ah ! les siècles jamais le croiront-ils sans peine.
CORIOLAN.

Ce n'est pas, il est vrai, dans l'Hitoire romaine.
L'ANNÉE.

Air : *J'ai vu partout dans mes voyages.*

Oh ! je sais bien que le génie
Promis à l'immortalité
N'a que la terre pour patrie
Et pour loi que sa liberté ;
Mais Coriolan qu'on renomme,
Qui partout se fait désirer,
Devait attendre que dans Rome
Les Anglais vinssent l'admirer.

CORIOLAN.

O patrie !
GIROUETTE.

Je vois qu'il s'attendrit ... il restera.
VETURIE.

En ces lieux qui peut te retenir ?
La gloire nous attend, hâtons – nous de partir.
Montrons aux nations, de notre art étonnées,

Notre char triomphal roulant sur des guinées.
(*On entend un chien aboyer.*)

GIROUETTE

Qu'est-ce donc que cela ?

MAI.

C'est Munito, qui part aussi pour l'Angleterre, et qui
s'impatiente. (*On entend un fouet.*)

GIROUETTE.

Qu'est-ce encore que cela ?

MAI.

C'est la piquante Roxelane qui revient de Londres.

CORIOLAN, *à Véturie.*

De la voir on ne peut, je crois, se dispenser.

VETURIE.

Je ne puis la souffrir ; mais je vais l'embrasser.

SCENE XV.

Les Mêmes , ROXELANE.

ROXELANE.

Eh bonjour, maman Véturie ?
Bonjour , Coriolan !

VETURIE , *à part.*

Quel ton de comédie.

CORIOLAN.

Vous avez fait sans doute un bon voyage ?

ROXELANE.

Mais ,

Couci , couci ; les chemins sont mauvais ,
Et la chaleur , le vent et la poussière...
Où diantre allez-vous donc ainsi ?

CORIOLAN.

Le sénat me banit, je passe en Angleterre.

ROXELANE.

Vous voulez en tâter aussi ?
Je ne vous le conseille guère.

CORIOLAN.

Eh quoi ! les gentlemens, par un bizarre accueil,
Auraient de Roxelane humilié l'orgueil.

ROXELANE.

Mais, franchement je vous l'avoue :
Je ne sais pas s'il faut que je m'en loue.

Air : *L'autre jour Colinette.*

N'espérant point leur plaire,
Et déclamant en vain,
D'une chanson légère
Je choisis le refrain ·
Je leur chantai l'histoire
De ce grand Soliman,
Qui mit toute sa gloire
A m'aimer constamment ;
C'était, quand je parlais,
Comme si je chantais,
C'était, quand je chantais,
Comme si je parlais.

même air.

N'espérant pas leur plaire,
En chantant les amours,
D'une danse légère
J'empruntais le secours :
Je déployai mes grâces,
Et d'un œil langoureux
J'appellais sur mes traces
Les plaisirs et les jeux ;
C'était, quand je chantais,
Comme si je parlais,
C'était, quand je dansais,
Comme si je chantais.

(*Elle danse.*)

VÉTURIE.

Votre cruel revers m'inspire peu de crainte.
Tout le monde, aujourd'hui, ne va pas à Corinthe.
(*Véturie sort.*)

L'ANNÉE.

Cela doit se me semble, vous dégoûter de l'Angleterre, seigneur Coriolan.

CORIOLAN.

Qui ! moi ! Vous espérez ce retour inoui !
Quand j'ai dit non, c'est non.

ROXELANE.

Quand j'ai dit oui, c'est oui.
Adieu donc, seigneur, bon voyage ;
Mais vous allez briguer un bien triste suffrage :
Quel théâtre, bon Dieu, pour un si beau talent !
Un plancher élevé sur les bancs d'une école,
Où vous aurez pour orchestre un serpent,
Un paravent pour Capitole,
Pour sénateurs, quelques marmots,
Et des *goddem* pour des bravos.
(*Elle sort.*)

CORIOLAN.

J'ignore quel destin le destin me destine,
Si je cours à la gloire où bien à ma ruine ;
Mais j'ai pris en horreur désormais ces remparts :
Adieu vous, adieu vous, adieu Rome , je pars.

(*Il sort.*)

GIROETTE.

Je n'aurais jamais cru que les Romains fussent si gais
que cela.

SCENE XVI.

L'ANNÉE, JUIN , GIROUETTE.

JUIN.

Air de le Vallée.

Cueillez , cueillez des cerises nouvelles ,
Montmorency, mes enfans , est tout près ;
Courez aux champs, c'est le plaisir des belles ,
Voici venir le mois des bons gobets.

GIROUETTE.

A-t-il l'air triomphant, le seigneur Juin ; on voit bien que
les cerises n'ont pas tourné.

(*Juin sort.*)

SCENE XVII.

L'ANNÉE, THERMOMÉTRE , GIROUÉTTE

GIROUETTE.

Voici le mois de Juillet.

SCENE XVIII.

L'ANNÉE, JUILLET, GIROUETTE.

JUILLET.

Voici mes plus fermes soutiens. Entrez , monsieur Croisé ,
et venez me défendre avec chaleur.

SCENE XIX.

Les Mêmes, M. CROISÉ, Mlle. PERCALE.

(M. Croisé arrive bras dessus bras dessous avec Mlle. Percale ;
il a des éperons, mais point de moustaches.

L'ANNÉE.

Air : *Oui , je suis soldat , moi.*

Oui , j'suis un Calicot !
J'en vends , j'm'en fais gloire ,
On dit qu'on s'moq' du coco ;
Il faut le voir pour le croire.
Mes bottes à gros talons ,
Dit-on , me rendent comique ;
On rit surtout d'mes épr'rons ;
Mais qui s'y frotte s'y pique.

Mlle. PERCALE ET CROISÉ.

Oui , c'est un Calicot , etc.

Mlle. PERCALE.

Fort souvent il monte à ch'val ,
Ses épr'rons sont utiles ,
J'crois qui n's'en sert pas plus mal
Qu'un auteur de vaudevilles.

ENSEMBLE.

Oh ! j'suis un Calicot , etc.

Serait-ce vous , Monsieur , qui avez servi de modèle au
fameux Calicot des Montagnes.

CROISÉ.

Pas si bête ! demandez à Mlle. Percale.

Mlle. PERCALE.

Oh ! je certifie que M. Croisé n'a servi de modèle à personne !

GIROUETTE.

Ah ! Monsieur est un Croisé.

CROISÉ.

Oui , ma petite ; est-ce que ma famille aurait l'honneur
d'être connue de vous ?

L'ANNÉE.

Air *du Comte Ory.*

Vos ayeux en Palestine
Se mesuraient autrefois.

CROISÉ.

Moi, j' mesure d'la mousseline
Au coin d'la ru' Quincampoix.

L'ANNÉE.

Cherchant des palmes nouvelles,

Dans les combats sans effroi
Tous les Croisés pour la foi
Triomphaient des infidèles...

PERCALE.

Il a triomphé de moi.

L'ANNÉE.

M. Croisé était sans doute au combat des Montagnes ?

CROISÉ.

Nix !.... Mlle Percale, ce soir là s'était emparée de mon individu.

PERCALE.

Et je ne l'aurais pas lâché pour une robe de mérinos.

Air : *de l'Écu de six francs.*

Dans ces combats on s'estropie,
Et j' veux un amant tout entier.
Ah ! si Croisé perdait la vie,
Jugez si j' pourrais l'oublier !
Il me faudrait, fidèle et tendre,
Mourir ou prendre un autre amant,
Et tout l' mond' devine aisément
Quel est l' parti que j' pourrais prendre.

CROISÉ.

Je l'devine, ma petite.

PERCALE.

Quel moment pour le sentiment !

CROISÉ.

Il paraît que nous avons eu le dessous, car le lendemain toutes les caricatures étaient contre nous.

L'ANNÉE.

Je ne les ai point approuvées.

Air : *de la Robe et des Bottes.*

C'est une règle trop commune,
Et l'on a vu dans tous les tems
Les gens trahis par la fortune,
En butte aux traits les plus mordans ;
Tant qu'un travers règne avec insolence,
Frappons sans crainte de blesser ;
Mais dès que le malheur commence,
Le ridicule à nos yeux doit cesser.

CROISÉ.

Et allez donc !... Partez delà ! d'ailleurs qu'est-ce qu'on peut dire ?

Air *de la Sentinelle.*

La paix enfin désarmant nos guerriers,
Dans nos travaux plus d'un brave s'exerce,
Plus d'un comptoir est orné de lauriers:
La paix confond la gloire et le commerce;
Bien des commis ont prouvé leur valeur,
   Et sont décorés par Bellonne,
   S'ils portent ce ruban flatteur,
C'est que dans les champs de l'honneur,
Ils ont appris ce qu'en vaut l'aune.

Mlle. PERKALE.

C'est ça, je n'ai jamais aimé que les braves, moi.

GIROUETTE.

Il paraît que Mademoiselle a du cœur.

SCENE XX.

Les Mêmes, THERMOMÉTRE, GIROUÊTTE.

GIROUETTE.

Mais j'entends le mois d'Août.

L'ANNÉE.

Déjà ! je vais le recevoir, éloignez-vous.

CROISÉ.

Quoi, vous chassez, Croisé?

PERCALE.

Mon ami, viens au saut du Niagara ?

Air : *Pour la capitale du monde.*

A tout's les montagn's, je l' confesse,
Avec toi j'ai glissé déjà,
Aujourd'hui j' veux qu' dans ta tendresse
Tu m' fasses sauter l' Niagara.

CROISÉ.

Le Niagara... ma poulette !
Non pas, en sautant je craindrais
Que tu n' vinss's à perdre la tête...
       (Croisé sort.)

PERCALE.

Tu sais bien qu' je n' la perds jamais.
A tout's les montagn's, etc. etc.

SCENE XXI.

Les Mêmes, AOUT.

AOUT, *montrant Froment qui entre.*

Madame, voici mes titres.
Le Calendrier.   E

SCÈNE XXII.

Les Mêmes, FROMENT.

FROMENT.

Air : *Bon , bon.*

Bon , bon ,
Viv' la moisson !
Tout prospère
Sur la terre.
Bon , bon ,
Viv' la moisson !
Je suis gai comme pinson.

Le soir , après la chaleur ,
J' ramène ma band' joyeuse ,
Et la petite glaneuse
Chante avec le moissonneur ,
Bon , bon ,
Viv' la moisson ! etc.

Tandis qu' dans les environs ,
C'matin , j'travaillais , mais ferme ,
V'là que ma femme à la ferme
Accouche de deux garçons.
Bon , bon ,
Viv' la moisson ! etc.

L'ANNÉE.

Voilà un villageois qui n'engendre pas la mélancolie.

FROMENT.

Et comment ne serais-je pas gai ? La moisson est abondante, v'là l' bon tems qui r'vient, et j'espère que l'année prochaine vaudra encore mieux que celle-ci.

L'ANNÉE.

Le compliment est flatteur pour moi... Qui êtes-vous donc, mon ami ?

FROMENT.

Ah mon Dieu ! presque rien, not' bonne dame, un pauvre fermier.

L'ANNÉE.

Comment ! presque rien ? un laboureur !

Air : *Vaudeville de Turenne.*

De votre état qui vous honore
Parlez avec moins de mépris ;
Il est plus d'un titre sonore
Qui pour moi n'a pas tant de prix.

Nos anciens preux dont la gloire est connue,
  Ayant vaincu leurs ennemis ,
  Déposaient sans être avilis
  Leur glaive aux pieds de la charrue.

FROMENT.

Eh bien ! vous êtes une brave dame... Il n'aurait tenu qu'à moi de m'enrichir c't' année.

Air : *Vaudeville des Amazones.*

Si j'avais voulu hors la France
Vendre mes moissons , mes troupeaux ,
J'aurais une richesse immense ;
Mais des Français j' prévis les maux ;
Non, non , criai-je , enfans de nos montagnes
J' préfère à l'or d' vous soulager partout ,
Et d'mon bled j' nourris nos campagnes ,
Je suis Français , mon pays avant tout.

L'ANNÉE.

Bien , mon ami; le guerrier défend la patrie , le fermier la nourrit.

FROMENT.

Je l'ai défendue long-tems , et l'histoire de nos anciens preux est la mienne aussi.

L'ANNÉE.

Vous avez été soldat ?

FROMENT.

Dix ans , Madame , j' m'en fais gloire. (*Ouvrant sa blouse , et montrant son uniforme.*) Et je porte toujours avec orgueil, cet uniforme , témoin de nos succès.

Même air.

Je suis époux et je suis père ,
Dans ma ferme , au gié de mes vœux ,
Près d' mes enfans et de leur mère ,
Je puis finir des jours heureux ;
Mais si j'entends la trompette guerrière ,
Si le Roi crie: aux armes !.. vite debout.
J'embrass' ma femme et j'vole à la frontière:
Je suis Français , mon pays avant tout.

L'ANNÉE.

De pareils sentimens vous font honneur , mon ami.

FROMENT.

Nous pensons tous comme cela .(*on entend sonner une cloche.*)

FROMENT.

Air : *Entends-tu l'appel qui sonne.*

J'entends la cloch' qui m' réclame ,
Au village il m' faut courir ,
J' vais retrouver ma femme ,
Les affair's avant le plaisir.

On baptise aujourd'hui même
Mes deux garçons... c'est de droit,
Faut que j'sois à leur baptême
Comme père et maire de l'endroit.

J'entends la cloche, etc. (*Il sort.*)

SCENE XXII.

L'ANNÉE, GIROUETTE, AOUT, THERMOMÉTRE.

THERMOMÉTRE (*annonçant.*)

Le mois de septembre.

AOUT.

Il faut que je lui cède la place; mais j'ai beaucoup d'espoir. (*Il rentre.*)

SCENE XXIII.

Les Mêmes, SEPTEMBRE.

(*Septembre arrive avec un écriteau sur lequel on lit :*
TRAVAUX DE SEPTEMBRE.

ADDITION.

LES LETTRES NORMANDES.

TOTAL...... ZÉRO.

GIROUETTE.

Zéro! madame, il faut lui donner son compte.

(*L'Année fait un geste à Septembre ; il sort.*)

THERMOMÉTRE, *annonçant.*

Octobre.

SCENE XXIV.

Les Mêmes, OCTOBRE.

(*Il porte un étendard sur lequel on lit :* l'Enfer des
Danaïdes)

GIROUETTE.

Il a l'air d'être un peu dans les vignes, le seigneur Octobre.

L'ANNÉE (*lisant l'écriteau.*)

L'Enfer des Danaïdes !.

GIROUETTE.

Ah! oui, on dit que l'enfer de Psyché n'est que de la Saint-
Jean auprès de cet Enfer là !

L'ANNÉE.

C'est un beau titre. Je l'ai vu.

Air : *De votre bonté généreuse.*

Ces rochers , ces ondes sanglantes,
Ce pont , des méchans redouté ,
Ces gouffres , ces laves brûlantes
Sont d'une grande vérité ,
Et l'on dirait, dans l'ardeur qui l'anime,
Que pour tracer ce sujet des pervers,
Le peintre armé de son pinceau sublime,
A suivi le Dante aux enfers.

(*Elle fait un geste , Octobre sort.*)

GIROUETTE.

Comme les mois passent à Paris ! Voici Monsieur Novembre.

L'ANNÉE.

Il commence à faire froid.... Mon cachemire.

SCENE XXV.

L'ANNÉE, NOVEMBRE, GIROUETTE.

(*Novembre arrive chargé de sacs et d'une bourriche.*).

NOVEMBRE.

Air : *Ah ! le bel oiseau.*

Je suis le mois des gourmets
Et des chicaneurs tartuffes ,
Avec les dindes aux truffes
Je ramène les procès ;
Je sais prendre en mes filets
Plaideurs et dindons d'emblée ,
Je plume l'un au Palais ,
L'autre au quai de la Vallée.

Je suis , etc.

L'ANNÉE.

Novembre , quels sont vos titres à la couronne ?

NOVEMBRE.

J'en ai beaucoup, je m'en flatte : six pièces nouvelles...
deux procès en calomnie ! et une séance à l'Athénée, suivie
d'un concert.

L'ANNÉE.

D'un concert spirituel ?

NOVEMBRE.

Spirituel ! à l'Athénée ? Du tout... J'ai, à la Gaîté, le Passage de la Mer Rouge, ou la Délivrance des Hébreux, pièce aquatique, etc.... Grand succès.... à l'Odéon, l'Esprit de Parti, pièce politique.

L'ANNÉE.

Pièce politique à l'Odéon ! elle est bien tombée.

NOVEMBRE.

Au Cirque, Roland le Furieux, pantomime à franc étrier, succès fou.

Air *de la parole.*

Roland amoureux d'un tendron,
Perd l'esprit ; mais un ami sage
Pour lui rapporter sa raison ,
Perce la lune avec courage ;
Je né m'étonne pas aussi
Qu'il fasse brillante fortune :
On voit tant de gens comme lui
Qui s'enrichissent aujourd'hui
En faisant des trous (*bis*) à la lune.

L'ANNÉE.

Est-ce là tout, seigneur Novembre ?

M. MÉRINOS (*dans la coulisse.*)

Me voilà ! me voilà ! je viens vous défendre.

SCENE XXVI.

Les Mêmes, M. MÉRINOS.

(*Il arrive avec des schals sous un bras, et des papiers*
sous l'autre)

Air : *Je suis Madelon Friquet.*

Je suis monsieur Mérinos,
J'aime les bons mots , les satyres,
Je suis monsieur Mérinos
Et connu pour tel à Paphos.

Le scandale est fort de mon goût,
Je plaide et vends des cachemires,
Bref je fais un peu de tout.

Je suis, monsieur , etc.

L'ANNÉE.

Monsieur est marchand de cachemires ?

M. MÉRINOS.

A votre service madame; je vends des cachemires pour ma fortune et mon plaisir. C'est moi qui ai vendu ce fameux schal jaune qu'une jolie actrice des boulevards se fit acheter trois fois par chacun de ses adorateurs..... Pas une femme ne porte un cachemire sans que je ne sache comment, d'où, et de qui elle le tient. L'une dit à son époux : J'ai gagné à la bouillote, et demain j'aurai un cachemire qui ne te coûtera rien ; tu le veux bien, mon bon !...... Celle-là : mon ami, je trouve une occasion d'acheter un cachemire qui vaut cent louis pour cinq cent francs, tu ne me le refuseras pas, etc..... Je connais tout cela, moi, je suis l'homme le plus répandu de Paris, je vis avec tout le monde.

Air : *On dit que je suis sans malice.*

Il n'est pe sonne que j'évite ;
A diner lorsque l'on m'invite,
J'accepte l'invitation,
Fut-on de l'opposition,
Je bois chez la jeune Lucrèce
A la liberté de la presse,
Et chez la vieille Scipion
A la loi de suspension.

L'ANNÉE.

Vous êtes accomodant.

M. MÉRINOS, *montrant les papiers qu'il tient.*

Pas trop..... Voyez... Ah ! je sais défendre mes cachemires....

L'ANNÉE.

Il paraît que vous y tenez beaucoup.

M. MÉRINS.

A mes cachemires ! Madame, je le crois bien ; ils sont pour moi une source d'observations morales.

Même air.

Quand pour quelque dame à séduire,
On me demande un cachemire,
Je devine l'objet chéri
D'après le schal qu'on a choisi ;
Je juge du rang de la belle
Par les palmes qu'on prend pour elle,
Et je juge de sa vertu
Par la finesse du tissu.

Sur ce, j'ai bien l'honneur de vous saluer.

Je suis monsieur Mérinos ,
J'aime les bons mots , etc. , etc.

(*Il sort.*)

GIROUETTE.

Est - il drôle , ce marchand de cahemires.

SCENE XXVII.

L'ANNÉE , DÉCEMBRE , GIROUETTE.

DÉCEMBRE.

Air : *Réveillez-vous , bell e endormie.*

Je me suis fait peut-être attendre,
Je vous en demande pardon ,
Plutôt je ne pouvais me rend
J'étais à faire réveillon.

GIROUETTE.

A la Courtille, je parie.

DÉCEMBRE.

C'est là que je suis le plus gai.

L'ANNÉE.

Avez-vous réuni tous vos titres ?

DÉCEMBRE.

Les voici.

L'ANNÉE.

Voyons.

DÉCEMBRE , (*ouvrant un sac et le lui présentant.*)

D'abord beaucoup de bonbons nouveaux , ensuite *Maria,*
ou *la Demoiselle de compagnie.*

L'ANNÉE.

Elle ne voit personne !

DÉCEMBRE.

La *Maison en loterie.*....

L'ANNÉE.

On ne prend pas de billets.

DÉCEMBRE.

A Feydeau , le *Prince d'occasion* !

L'ANNÉE.

Ouvrage d'occasion !

DÉCEMBRE.

Aux Variétés, *Il n'y a plus d'enfans !*

GIROUETTE.

Tiens, il n'y a donc plus d'actrices , en voilà une sévère.

SCENE XXVIII.

Les Mêmes, ALMANACH, père.

ALMANACH.

Air : *de la Ferme et le Château.*

Mes chers enfans, dans cette vie,
A quoi sert la triste raison,
La meilleure philosophie
C'est la chanson, c'est la chanson,
C'est la chanson, c'est la chanson,
Pour enterrer gaîment l'année,
Qui va finir sa destinée ;
Chantez donc, chantez donc, mes enfans,
Chantez sans cesse
Avec ivresse,
Chantez donc, chantez donc, mes enfans,
Je vends
Des almanachs chantans.

L'ANNÉE.

Qcl est ce Monsieur qui se réjouit si franchement de ma fin prochaine ?

ALMANACH.

Je suis monsieur Almanach, père, madame ; voici l'époque fortunée à laquelle je me débarrasse de tous mes enfans.... et en bon père de famille :

Chantez donc (*bis*) mes enfans,
Chantez sans cesse
Avec ivresse,
Chantez donc (*bis*) mes enfans,
Voilà des almanachs chantans.

GIROUETTE.

Est-ce que Monsieur serait par hasard le père de Mathieu Laensbergh ?

ALMANACH.

Non, Mademoiselle, nous ne sommes parens que par le calendrier.

L'ANNÉE.

Que portez-vous donc là ?

ALMANACH.

Le portrait de tous mes enfans ; Tel que vous me voyez, je vais colportant de cafés en cafés leurs petits talens. Voilà des Souvenirs. Les Chansons joyeuses de Piron, Collé et autres lurons. (*Bas à Girouette..*) Mademoiselle voudrait-elle acheter quelque gaudriole.

Le Calendrier.

GIROUETTE.

Est-ce qu'il me prend pour une marchande de modes.

ALMANACH.

J'en ai vendu hier quatre exemplaires au café des Carcassiennes....

L'ANNÉE.

Des Carcassiennes ?....

ALMANACH.

Des Circassiennes ; ce sont des femmes sauvages que l'on
a logées au Palais royal, pour les dépayser.

L'ANNÉE.

Vous vendez dans les cafés du Palais royal?

ALMANACH.

A la dérobée , les inspecteurs du jardin ne sont pas
toujours là.

Air *de Calpigi.*

Dans ces immenses galeries ,
Pour réprimer bien des folies ,
Tantôt aux jeux tantôt... enfin
Ils courent du soir au matin ;
Pour faire respecter en France
Les mœurs, la vertu, l'innocence,
Ah ! qu'il faut se donner de mal ,
Et surtout au Palais-Royal.

(*On entend une marche lugubre.*)

L'ANNÉE.

Qu'est-ce que donc que cela ?

ALMANACH.

Hélas ! Madame , c'est toute la famille des almanachs qui
vient assister à votre enterrement.

L'ANNÉE.

Je leur sais bon gré de venir égayer la fin de ma carrière.

ALMANACH.

Egayer , vous êtes bien honnête. Approchez, mes enfans,
approchez .... Vous allez voir comme ils sont gais.

SCENE XXIX.

Les Mêmes , tous les Almanachs de l'année , *personnifiés
portant sur la poitrine un écriteau très-apparent , sur
lequel on lit leur titre. Les Etrennes mignonnes sont
représentées par un enfant.*

CHŒUR et MARCHE.

(*Tous les Almanachs entrent et passent devant le public.*)

Air : *Ça n' dur'ra pas toujours.*

De la gaîté française,
Illustres rejettons,
Que chacun de nous plaise
Par ses sotes chansons.

Chantons, aimons, buvons,
Buvons, aimons, chantons,
Chantons, buvons, aimons,
Rions, rions, rions.

GIROUETTE.

Ils sont gais comme un enterrement... Quelle gaîté française.
Le fond du théâtre se lève, et l'on aperçoit les douze mois rangés en forme de calendrier. Aquilon et Zéphir sont dans le milieu.)

L'ANNÉE, *prenant la couronne d'immortelles.*

Enfans, chacun de vous a des titres à ma reconnaissance ; vous avez tour à tour contribué à ma célébrité. Mais le mois qui vit l'ouverture du Musée, le mois qui consola la France par tant de richesses nationales, le mois d'Avril, enfin, mérite la couronne.

Air : *Ce magistrat.*

Nos artistes exempts d'allarmes,
De l'univers ont fixé les regards,
Pour les Français, oui le repos des armes
Est le triomphe des beaux-arts.
Dans les champs où le bronze tonne,
Ou dans leurs paisibles foyers
Avec Apollon ou Bellonne,
Il leur faut toujours des lauriers.

GIROUETTE.

C'est bon, le mois d'Avril est couronné.... J'épouse M. Zéphir, et je me fixe.

AQUILON.

C'est un bon poisson d'avril.

SCENE XXX ET DERNIERE.

Les Mêmes, M. TROTTANT.

TROTTANT, *accourant.*
Air

Trottant,
Ne m'arrêtant

Qu'un seul instant
Où m'attend
Une belle ;
Chantant,
Toujours content ;
Je trotte tant
Qu'on m'appelle Trottant.

L'ANNÉE.

C'est encore Monsieur Trottant.

TROTTANT.

Eh ! oui, belle dame !... je viens vous apporter une
carte de visite de la part de l'Année 1818, car elle est ar-
rivée dans ces lieux, ainsi vous n'avez que le tems de partir.

L'ANNÉE.

J'ai déjà commencé à déménager.

VAUDEVILLE.

DÉCEMBRE.

Air : *Va-t-en voir s'ils vennent, Jean.*

Que de bons vers on verra
Naître cette année !
Sans dormir on restera
Même à l'Athénée.

TOUS EN CHŒUR.

Va-t-en voir s'ils viennent, Jean,
Va-t-en voir s'ils viennent.

AQUILON.

Envain pour avoir des droits
L'intrigue s'agite ;
On n'obtiendra des emplois
Qu'avec du mérite.

TOUS EN CHŒUR.

Va-t-en voir s'il viennent, Jean, etc.

AVRIL.

On dit que tous les journaux,
N'est-ce point un songe,
Donneront des faits nouveaux,
Jamais de mensonge.

TOUS EN CHŒUR.

Va-t-en voir s'il viennent, Jean, etc.

TROTTANT.

Malgré le qu'en dira-t-on,
Dans l'an qui s'écoule,
Les bourgeois à l'ODÉON
Se rendront en foule.

TOUS EN CHŒUR.

Va-t-en voir s'ils viennent, Jean, etc.

GIROUETTE.

Les flatteurs feront en vain
  Plus d'une grimace ;
On n'dénonc'ra plus l'voisin
  Pour avoir sa place.

TOUS EN CHŒUR.

Va-t-en voir s'ils viennent, Jean, etc.

JANVIER.

A nos dames je prédis
  Beaucoup de constance ;
Aucun mari dans Paris
  Nes sera...

TROTTANT, *lui mettant la main sur
  la bouche.*

Silence !

TOUS EN CHŒUR.

Va-t-en voir s'ils viennent, Jean, etc.

FÉVRIER.

Lorsque l'on soulagera
  L'obscure indigence,
Le journal n'en préviendra
  Plus toute la France.

TOUS EN CHŒUR.

Va-t-en voir s'ils viennent, Jean, etc.

ZÉPHIR.

Dans tout l'esprit paraîtra,
  Et sans épigrammes,
Même on dit qu'on en mettra
  Dans les mélodrames.

TOUS EN CHŒUR.

Va-t-en voir s'ils viennent, Jean, etc.

NOVEMBRE.

Nos écrivains publieront
  Ce que bon leur semble ;
Tous nos orateurs pourront
  S'accorder ensemble.

TOUS EN CHŒUR.

Va-t-en voir s'ils viennent, Jean, etc.

TROTTANT.

Les auteurs, plus indulgents,
  Iront au parterre
Applaudir en bonnes gens
  L'œuvre d'un confrère.

TOUS EN CHŒUR.

Va-t-en voir s'ils viennent, Jean, etc.

L'ANNÉE, *au public.*

Applaudissez nos couplets,
Et, pour vos suffrages,
Nous ne jouerons désormais
Que de bons ouvrages.

TOUS EN CHŒUR.

Va-t-en voir s'ils viennent, Jean,
Va-t-en voir s'ils viennent.

FIN.

Encore du Magnétisme, par Pigault-Lebrun, membre de la société philotechnique, avec cette épigraphe : *Vitam impendere vero*, in-8°. de 88 pages. 2 f.

Le Cuisinier Royal, ou l'Art de faire la Cuisine et la Pâtisserie, pour toutes les fortunes; avec la manière de servir une table depuis vingt jusqu'à soixante couverts. Neuvième édition, revue corrigée et augmentée de cent cinquante articles, par A. Viard, homme de bouche, suivie d'une notice sur les vins, par M. Pierrhugue, sommelier du Roi, 1 vol. in-8. 6 f.

Princesse (la) de Clèves, suivie des Lettres à madame la marquise de *** sur le roman et de la comtesse de Tendes; nouvelle édition; 2 gros vol. in-12, bien imprimés. 4 f.

Esprit du Mercure de France, depuis son origine jusqu'à 1792, ou choix des meilleures pièces de ce Journal, tant en prose qu'en vers; contenant des anecdotes curieuses, littéraires et politiques, des réflexions morales et pensées philosophiques, des chansons, épigrammes, madrigaux et autres pièces de poésies, des contes, nouvelles, des dissertations historiques, et des notices biographiques sur les Savans, etc., 3 vol. in-18. 15 f.

Sabina d'Herfeld, ou les Dangers de l'imagination; Lettres particulières recueillies par le baron de Reverony-Saint-Cyr, quatrième édition, 3 vol. in-12. 4 f.

Encyclopédie comique, ou Recueil français d'anecdotes, bons mots, épigrammes et calembours, 3 vol. in-12, portraits. 6 f.

Grivoisiana, ou Recueil facétieux, par Martinville, 1 vol. in-18, fig. 1 f.

Trois Mois de ma Vie, ou Histoire de Famille, par M. Dumaniant, 3 vol. in-12. 6 f.

Tombeaux (les) du dix-huitième siècle, ou notices biographiques sur les principaux personnages morts dans le courant de ce siècle, par Ant. Miéville, 2 vol. in-8. 12 f.

L'Observateur Russe, ou Aventures et Réflexions critiques d'un officier russe à Paris, par M. le Baron de Reverony-Saint-Cyr, 2 vol. in-12. 5 f.

La Princesse de Nevers, ou Mémoires du Sire de la Touraille, lesquels peuvent servir de conseils aux Jeunes Gentishommes, dans les villes, cours et armées, par M. le baron de Reverony-Saint-Cyr, 2 vol. in-12, deuxième édition. 5 f.

Pièces de Théâtre.

Complot (le) domestique, comédie en 3 actes et en vers, par M. Lemercier. 1 f. 50 c.

Deux Anglais (les), comédie en 3 actes, de M. Merville. 1 f. 50 c.

Hôtel Bazancourt (l'), ou la Prison de la garde nationale, vaud. 1 f. 25 c.

Femme à vendre, folie-vaud. 1 f.

Léon de Norweld, drame en 3 actes, de M. Aude. 1 f.

Daniel, pièce en 3 actes, de M. Frédéric. 1 f.

Panier (le) de Cerises, vaud. en 1 acte, de M. Monperlier. 1 f.

La Fille maudite, mélodrame en 3 actes, de MM. Boirie et Léopold. 1 f.

Werther, ou les Egaremens d'un cœur sensible, vaud. en 1 acte, de MM. Georges Duval et Rochefort. 1 f. 25 c.

Inès, ou les Devoirs d'un Roi, mélodr. en 3 actes, de M. Leblanc. 1 f.

L'Heureuse Moisson, vaud. en 1 acte, de MM. Merle et Carmouche. 1 f.

Onze heures du soir, drame en 3 actes, de MM. Mélesville, Merle et Boirie. 1 f.

Emprunteur (l'), comédie en un acte et en vers, par M*** 1 f. 25 c.

Brouille (la) et le Raccommodement, vaud. en un acte, par MM. Frédéric et H. Simon.

Retour (le) des Maris, ou la suite du Comte Ory, vaud. de M. Ledoux 1 f. 25 c.

Prix (le) ou l'Embarras du choix, par M. Radet, nouv. édit. 1 f. 25 c.

Passsage de la Mer Rouge, pièce en 3 actes, par M. Hapdé. 1 f.

Le même Libraire se charge des expéditions à l'étranger, soit pacotilles ou autres fournitures de livres.

Son Catalogue se distribue gratis.

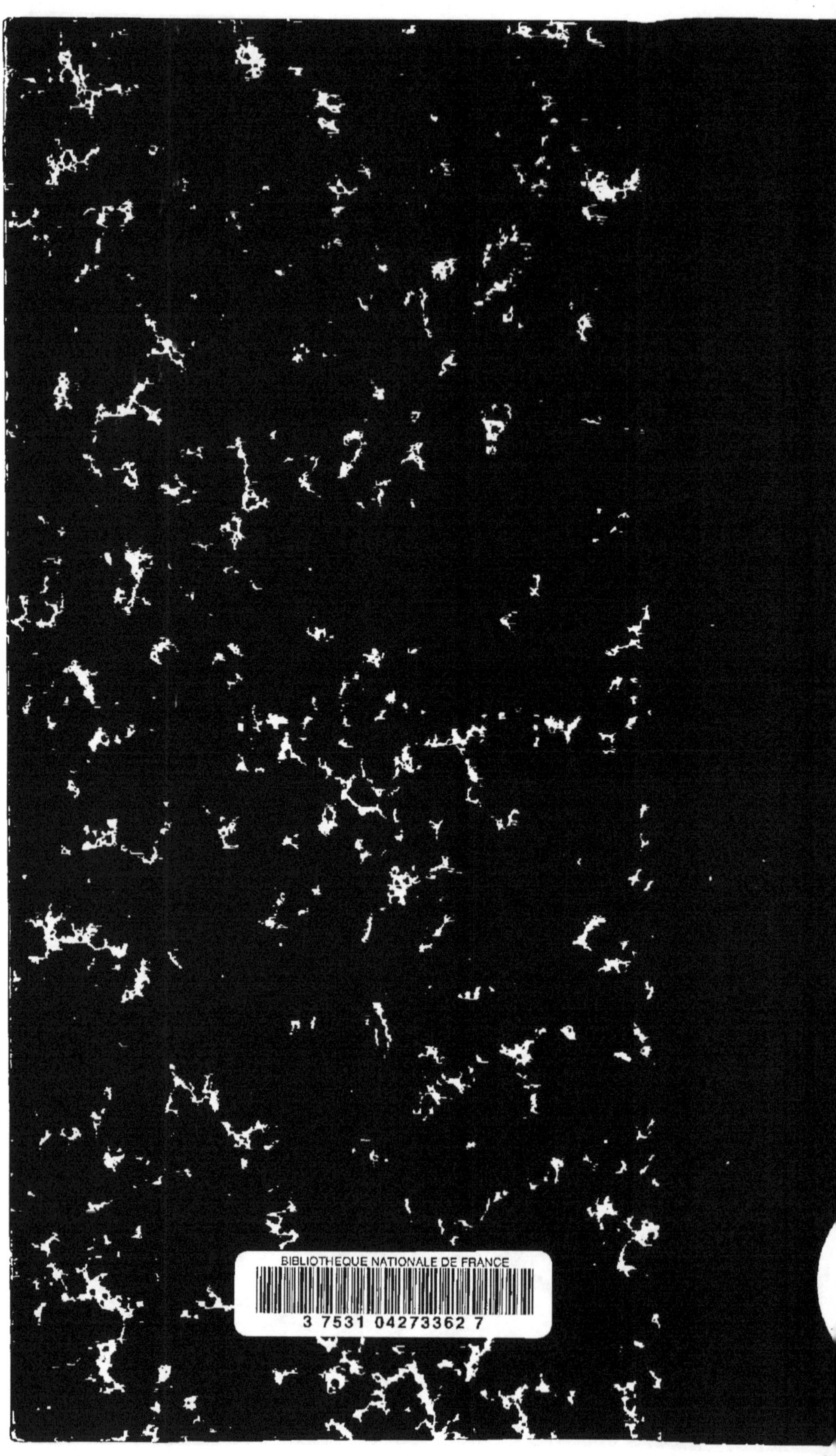
BIBLIOTHEQUE NATIONALE DE FRANCE
3 7531 04273362 7

9 782014 438758